ADRIEN DE LA FAGE

ŒUVRE POSTHUME

ESSAIS DE DIPHTHÉROGRAPHIE MUSICALE

OU

NOTICES, DESCRIPTIONS, ANALYSES, EXTRAITS

ET REPRODUCTIONS DE MANUSCRITS

RELATIFS A LA PRATIQUE, A LA THEORIE ET A L'HISTOIRE

DE LA MUSIQUE

PARIS

AU MAGASIN DE MUSIQUE DU BAZAR DE L'INDUSTRIE

O. LEGOUIX, ÉDITEUR

27, BOULEVARD POISSONNIÈRE, 27.

1864

ESSAIS
DE
DIPHTHÉROGRAPHIE
MUSICALE

EXEMPLES DE MUSIQUE

_bet _ te Si si pa _ _ scee _ te Con _ _ tente e lie _ te Con _ _ tente e
lie _ te Ca _ _ re e di _ _ let _ te Mie pe _ co _ _ rel _ le. Di lette e
Ca _ re Mie pe _ co
_ rel _ _ _ _ le Ca _ re di let _ te Si si pa _ sce _ te di let _ te Ca _ re
liete mie pe _ _ co _ rel _ _ le.
Io qui _ vi in _ tor _ _ no Presso a quel ri _ o Col dolor mio

Move_rò al pian_to Col dolor mi_o le pas_to_ _ _ rel_le
Io quivi in tor_no Presso a quel ri_o Col dolor mi_ _ o Moverò al
pian_to le pas_ to _ rel_le mo_ _ vero al pianto le pasto_ _ rel_le.
D.C.
Recitativo.
Pascete si pa_ scete Pecorelle gra_ dite E voi ninfe e pa_
_to_ri deh' per pie_ta_de U_ di te della po_ve_ra Clo_ri il fier marto_
_ _ _ _ ro que_gli che tan_to a_do_ro Quel che ra_pimmi al
primo guardo il core Quel ch' al mio puro ardore pro_mise affetto e fede la_

sciommi e a un nuo_vo amor si diede Ca_re nin_fe qual si_a il
duol la pe_na mi_a Allor ch'io penso al mio af_fet_to al suo in
ganno Narrar non so so ben ch'in mezzo al core Mi scende un gel di morte Ma
non poss' io mori_re E pur sempre m'ucci_de il mio mar_ti_re.
Segue l'Aria
Largo.
Senza compagno errando Af_flitta sospirando Di
ramo in ramo Va la torto_rel - - - - - - - - la Afflitta sospi_

rando sen _ za compagno er_rando Di ramo in ra_mo Va la tor_to_rel _ _
la. Senza compagno erran_do Af_
_flit _ ta sospirando Di ramo in ra _ mo Va la tor _ to _ rel _ la La
torto_rel _ la Af_flit_ta sos_pi_ran _ _ _ _ _ _ _ _ _ _ _ _ _ _ _ _
_ do di ramo in ramo Va la tor_to_rel _ _ la Di ramo in ramo
Va la tor_to _ _ rel _ la va la tor _
_ to _ rel _ la. Co _ si senza il suo bene l'al

ma di pene in pene Chiedendo in van pietà Sos_pira an ch'ella sospi_ra anch'ella
_si senza il suo bene l'al _ _ ma di pene in pe_ne Chieden do in van pietà Sos_
spira an che el _ la so _ spi _ _ ra so _ spi _ ra so_spira an che el_la
D.C.
II
Del Barone
C. Dohlof_Dier.
Duettino
Scolastico.
Pien d'ardir cos _ tan _ te cos_tante e for _ te
Pien d'ar_dir cos_tan _ te e for _ _ te
No non pa _ _ ven _ _ to al_cun ci _ men _ to Il rigor d'av_
Non pa _ ven _ _ to al_cun ci _ men _ _ to Il ri _ _
_ver_sa sor_te Son avvezzo a disprezzar av_vezzo a dis _ _ _ prez_
_ gor d'av _ _ ver _ _ sa sor _ _ te Son av_vezzo a dis_prez_
_zar Pien d'ar_dir cos_tan _ _ te e for _ _ _ te Non pa
_ zar Pien d'ar_dir cos_tan_te e for_te Non pa _ ven_ _ to

_ven _ _ to al_cun ci _ men _ to Il ri _ _ gor d'av _ ver _ sa

alcun ci_men_to non pa _ ven_to Il ri _ gor il ri_gor d'avversa

sor _ _ te Son av _ _ vez _ zo a dis _ _ prez _ _ zar.

sor _ te Son av_vezzo a dis_prez_zar a dis_prez_zar a disprez _ zar.

III

Di Benedetto Marcello.

Duetto

Senza Cadenze.

Allegro.

La mia pena è senza fine Se il ri_gor di ge_lo_

_si_a Per me termine non hà

La mia pena è senza fine Se il rigor di ge_lo_

La mia pena è sen_za fine Se il rigor di ge_lo_

_si_a Per me termine non hà se il rigor di ge _ lo _ _ si _ a

_sia per me ter_mi_ne non ha se il ri_gor di ge_lo_ _si_ _a
per me termi_ne non ha la mia pena è senza fine se il ri_gor di ge_lo_
_per me ter mi ne non ha la mia pena è senza fine se il ri_gor di ge_lo_
_sia per me termi_ne non ha no no non ha la mia pena è senza
_sia per me ter_mi_ne non ha la mia pena è senza
fine se il ri_gor di ge_lo_ sia per me ter_mi ne non ha
fine se il ri_gor di ge_lo_ sia per me ter_mine non ha se il ri_gor di ge_lo_
se il ri_gor di ge_lo_ sia per me termine non

si a per me termi ne non hà
nò nò non
hà nò nò non hà la mia pena è sen_za fine se il ri_gor di ge_lo_
hà se il ri_gor di ge_lo_ si_a per me ter_mine non hà nò nò non
_si_a per me termine non hà se il ri_gor di ge_lo_ _ si_a per me termine non
hà la mia pena è senza fine se il rigor di ge_lo _ _ si_a per me ter_mine non
hà nò nò non hà per me termine non hà se il ri_gor di ge_lo_
hà se il rigor di ge_lo_ _ sia per me termine non hà per me ter_mi_ne non
_si_a per me termine non ha per me termi ne non hà per me termi_ne non

98.

hà la mia pena è sen_za fine senza fi _ _ _ _ _ ne se il rigor di ge_lo_
hà la mia pe _ _ _ _ _ na la mia pena è sen_za fine sen_za fi _ _ _
_si_a per me ter _ _ _ _ mi _ne per me ter_mi_ne non
_ne se il ri _ gor di ge _ lo _ _ si_a per me ter _ _ _ mi _
hà se il ri_gor di ge_lo _ _ si_a per me ter_mi_ne non hà se il ri_gor di ge_lo_
_ne per me termi ne non hà per me ter_mi_ne non hà no no non
_si_a per me ter_mi_ne non hà per me ter_mi_ne non hà.
hà per me ter_mi_ne non hà per me ter_mi_ne non hà.

VI
Di Agostino
Steffani.
Duetto
madrigalesco.
Allegro.
Libertà libertà libertà libertà libertà liber tà
Libertà libertà libertà libertà
liber_tà liber_tà libertà libertà
liber_tà liber_tà li_ber_tà libertà li ber _ tà
libertà libertà libertà
libertà libertà

Andantino
L'in _ fe_lice hu_ma_ni _ _ tà Ama troppo le ca_te_ne ama
trop _ _ po le ca_te _ _ _ _ _ _ _ ne ama troppo le ca_te_ne
L'in _ _ fe_li_ce hu_ma_ni _ _ tà Ama troppo le ca_te_ne a _ _
a _ _ _ ma trop _ _ _ _ po le ca _ te _ _ ne a_ma troppo
_ma trop _ po le ca _ te _ _ _ _ _ ne ama troppo a _ ma
l'in _ _ fe_li_ce hu_ma_ni _ _ tà a_ma
troppo le ca_te_ne a_ma trop _ _ po le ca_te _ _ _ _ _ _ ne

troppo le ca_tene a - - - ma trop - po le ca - te - - - - ne a - -
a ma troppo le ca_te_ne a - - ma trop - - - po le ca - te - - ne
- ma troppo le ca - te - - - ne ama trop - po le ca_te - - -
a_ma trop_po le ca_te - ne ama trop - - - po le cate -
- ne Ne co_nosce un si gran bene Se non quan - - - do se non quan - - -
ne
- - - - - do più non l'ha Ne co_nosce un si gran bene
Ne conosce un si gran bene Se non quan - - -

nè conosce un si gra
do se non quan - - - - - - - - - - do più non l'ha nè co
bene se non quan - - - do se non quan - - - - - - - - -
nosce un si gran bene se non quan - - - do se non quan - - - - -
- do più non l'ha nè conosce un si gran bene se non quan - - -
- do più non l'ha nè conosce un si gran bene se non quan - - - - do
- do se non quan - - - - - - - - do più non l'ha
se non quan - - - - - - - - - - - - - - do più non l'ha
Libertà D.C.

V

Di Giovanni Pierluigi da Palestrina. Mottettino.

1

el

de-

no.

To _ _ tus de_si _ de _ ra_bi_lis To_tus de_si _ _ de _ ra_bi _ _ lis
_tus de_si _ de _ ra_bi_lis To _ tus de_si _ de _ ra_bi _ lis
tus de_si _ de _ ra_bi_lis To _ tus de _ si _ _ de _ _ ra _ _ _ _ _ bi_lis
VII
Del
Sopraccennato
Pierluigi.
Lauda.
Gie _ su som_mo con _ _ _ for _ _ _ to Tu
Gie _ su som_mo con for _ _ _ _ _ _ to Tu sei tutt
Gie _ su som_mo con _ _ for _ to T
sei il mio a mo_re E'l mio be a to por_to E santo reden
il mio a mo_re E'l mio be a to por _ _ _ to E santo reden
sei tutt'il mio a mo_re E'l mio be a to por_to E san _ to
_to _ _ _ _ _ re O gran bon tà Dol _ ce pie
_to _ _ _ _ _ re O gran bon tà Dol _ ce pie
re _ dem _ to _ re O gran bon tà Dol _ ce pie
_tà Fe _ li_ce quel _ fe _ li_ce quel che te _ _ cou_ni _ to stà.
_tà Fe _ li_ce quel fe _ li_ce quel che te _ _ cou_ni _ to stà.
tà Fe _ li_ce quel fe _ li_ce quel che te _ _ cou_ni _ to stà

VIII
el R. P. F.
iovan Battista
Martini.
Terzetto
lle Campane.
Cam-pa-na che suona da lut-to e da fes-ta che
Cam-pa-na che
suona da lut-to e da fes-ta fà romper la
suona da lut-to e da fes-ta fà romper la tes-
Fà romper la tes-
tes- ta la rira din
ta la rira din
ta la lira din di radin di radin don don
di radin di radin don don don la li-ra din don don
di radin di radin don don don la li-ra din don don
don don don la lira din di ra-di radin dondondon dondondon
don Cam-pa-na che suo-na da lut- to da fes-
don Cam-pa-na che suo-na da lut- to e da fes-
don fà romper la tes-ta

ta la li_ra din di radin di radin don fa
ta la li_ra din di radin di radin don
fa romper la testa don don don don fa
romper la tes ta la
fa romper la tes ta la
romper la tes ta
lira din di radin di radin don don don la lira din don
lira din di radin di radin don don don la lira din don
don don don don la li_ra din di ra di radin don don don
Largo.
don don. Ma quando rim_bom ba per
don don. Ma quando rim_bom ba per
don don don don. Ma quando rim_bom ba
col po d'im_pre sa din din din
col po d'im_pre sa den
don don don don toc_can do non sa_zia non

den don din din dan din don toc - can - - do din
den den don den dan din den den don toc can do din
pe - sa don dan do toc - can - do don don din din don den din den den
den, din, dan, don; toc - can - - - - - - do den, din, den din dan don.
den, din, dan, don; toc - can - - - - do den, din, den din dan don.
din den den don don don don din den, dan, din den dan don.
IX
el Suddetto
. B. Martini.
Scrannari
he gridano.
Sca - ranne rott.
Sca - ranne rott Sca - ranne rott.
Sca - ranne rott Sca - ranne rott Sca - ranne rott.
Mastre da sco - la Lassè la to la Lassè la - to - la in man' ai
Mastre da sco - la Lassè la - to - la in man' ai
Lassè la - to - la in man' ai
fiù; E ve - ni giù, Con le Scranni - ne Del - le put - ti - ne Ch'en' tutte
fiù; E ve - ni giù, Con le Scranni - ne Del - le put - ti - ne Ch'en' tutte
fiù; E ve - ni giù, Con le Scranni - ne Del - le put - ti - ne Ch'en' tutte

rott. Ch'en tutte rott. Sca_ranne rott
rott. Ch'en tutte rott. Sca_ranne rott
rott. Ch'en tutte rott. Sca_ran_ne
Sca_ranne rott. Ai ra_ _ _ gaz_zi_ni Più pic co_
Sca_ranne rott. Ai ra_ _ gaz_zi_ni Più pic co_
rott Sca_ranne rott. Ai ra_ _ gaz_zi_ni Più pic co_
_li_ni Ma fuor de fass Le fa_ _rem bass bass bass bass bass bass
_li_ni Ma fuor de fass Le fa_ _rem bass bass bass bass bass bass
_li_ni Ma fuor de fass Le fa_ _rem bass bass bass bass
bass. E an che al plegn. Con el man tegn
bass. Con el man
bass. E an che al plegn. Con el man tegn
Ch'tar tin el bott ch'tar tin el bott Sca_ran_ _ne
teng Ch'tar tin el bott ch'tar tin el bott Sca_ran_ _ne
Ch'tar tin el bott ch'tar tin el bott Sca_

rott Sca _ ran _ _ ne Sca _ ran _ _ ne rott Scaranne
rott Sca _ ran _ _ _ ne rott Sca _ ran _ _ ne rott Scaranne
_ran _ ne rott
rott, Scaran_ne rott. Le ca_pu _ na_re Nù savem fa _ re De bon bas
rott, Scaran_ne rott. Le ca_pu _ na _re Nù savem fa _ re De bon bas
rott, Scaran_ne rott. Le ca_pu _ na_re Nù savem fa _ re De bon bas
_ton Per li ca_pon E si la _ vo _ ra, Le gabbi an_co _ ra Per
_ton Per li ca_pon E si la _ vo _ ra, Le gabbi an_co _ ra Per
_ton Per li ca_pon E si la_vo _ ra, Le gabbi an_co _ ra_Per
li mer_lott Sca_ran_ne rott Sca_ranne rott Sca
li mer_lott Sca_ran_ne rott Sca_ranne rott Sca
li mer_lott Sca_ran_ne rott Sca_ran_ne rott Sca_ran_ne
_ran _ _ _ _ ne rott. Pi_rol? e rem;
_ran _ _ _ _ ne rott. Nù ri_fa_rem Pi_rol? e rem?
rott Sca _ ran _ ne rott. Pi_rol? e rem?

E - le pa _ vie re Farem' in _ tie _ re
E le pa _ vie re Farem' in _ tie _ re
E nuove stanghe Con le spe_
De sù e de sott De sù e de sott de sù e de sott Scaranne
De sù e de sott de sù e de sott Scaranne
_ranghe De sù e de sott de sù e de sott Scaranne
rott de sù e de sott; Scaranne rott Sca _ ran _ _ _ _ _ _ _ _ ne
rott de sù e de sott; Scaranne rott Sca _ ranne Sca _ ranne Sca _ ran _ ne
rott de sù e de sott; Scaranne rott Sca _ ranne Sca _ ranne Sca _ ran _ ne
rott Scaranne rott Scaranne rott. Per le si _ gno _ re Che stan' tant' o _ re
rott Scaranne rott Scaranne rott. Per le si _ gno _ re
rott Scaranne rott Scaranne rott.
Che stan' tant' o _ re et pet _ _ ti _ nars Ed ac _ con _ ciars'
Che stan' tant' o _ re et pet _ _ ti _ nars Ed ac _ con _ ciars'
Per le si _ gno _ re Per le si_

Bust'e sot_ta_na Ghe vol'la seranna Coi mane_gott
Bust'e sot_ta_na Ghe vol'la seranna Coi mane_gott
_gnore per le si_gnore per le si_gnore per le si_
Coi ma_ne_gott Sca_ran_ne rott Sca_ran_ne, rott Sca_
Coi ma_ne_gott Sca_ran_ne rott Sca_ran_ne rott Sca_
_gno_re Con ma_ne_gott Sca_ranne Sca_ranne Sca_
_ran _ _ _ _ _ _ _ _ _ _ _ _ ne Sca_ran_ne rott Scaranne rott.
_ran _ _ _ _ _ _ _ _ _ _ _ _ ne Sca_ran_ne rott Scaranne rott.
_ran _ _ _ _ ne Sca_ran _ _ _ _ ne Sca_ran_ne rott Scaranne rott.
Per don e putt Nù fa rem sedie Per le co_
Nù farem tutt per don e putt Nù fa rem sedie Per le co_
Nù farem tutt per don e putt Nù fa rem sedie Per le co_
_medie Per li fes_tin Pè burat_tin De di e de nott Sca_
_medie Per li fes_tin Pè burat_tin De di e de nott
_medie Per li fes_tin Pè burat_tin De di e de nott

-ran-ne Scaranne rott Scaranne rott Scaranne
Scaranne rott Scaranne rott Scaranne
Scaranne rott Scaranne rott Scaranne rott
rott Scaran-ne rott. Ven-de-im el napel
rott Scaran-ne rott. Ven-de-im el napel
Scaranne rott Scaranne rott. Fassen el trapel
Per far turt-lin Per o-gni do-sa per o-gni
Gran di, e più ps'nin Per o-gni do-sa per o-gni
Gran di, e più ps'nin Per o-gni do-sa per o-gni
do-sa Ed ogni co-sa, E pò fem' tott E pò fem'
do-sa E pò fem' tott Ed ogni co-sa E pò fem'
do-sa E pò fem' tott E pò fem'
tott fem' tott E pò fem' tott Scaranne rott Scaranne
tott fem' tott E pò fem' tott Scaranne rott Scaranne rott
tott fem' tott E pò fem' tott Scaranne rott Scaranne

rott
Sca_ran_ne Sca_ran_ne rott Sca_ _ _ne Sca_
Sca_ran_ne rott Sca_ran_ne Sca_ran_ne Sca_ _ _ne Sca_
rott Sca_ran_ne rott ran rott ran
_ne Sca_ran_ne rott. Ma S'un pie zopp Ba_gu_la
_ne Sca_ran_ne rott.
rott rott rott Sca_ran_ne rott.
tropp E s'un pi_rol E trop_po mol' E trop_po mol
E s'un pi_rol E trop_po mol' E trop_po mol
De drighe
Un bon ca_vigg De dri de dri ghe pigg ghe pigg un bon ca_
Un bon ca_vigg De dri de dri ghe pigg ghe pigg un bon ca_
pigg ghe pigg un bon ca_vigg ghe pigg un bon ca_vigg ghe
_vigg ghe pigg Con quatro bott un bon ca_vigg de dri un bon
_vigg ghe pigg Con quatro bott un bon ca_vigg de dri un bon
pigg un bon ca_vigg de dri de dri ghe pigg ca_

Di Antonio
Busnoys
Fuga

XI
Di Giuschino
Del Prato
Canon: Quiescit
qui super me
velat; Venit
post me qui in
puncto clamat.
U na mois que de Bis ca yo

XII
raccennato
Del Prato
soncina
ncese.
A dieu mes a mours

XIII

Di Giovanni Martini

(Sec. XVII)

Canone: ad hypodiapason et hypodiapente.

XIV
Di Giuseppe
Ianacconi.
Esercizj di Contrappunto
Esercizio primo
Ascende di terza, discende di grado
Ascende di grado discende di terza.
XV
Esercizio
Secondo
Ascende di quarta, discende di terza.
Ascende di terza, discende di quarta.

XVI

Esercizio Terzo.

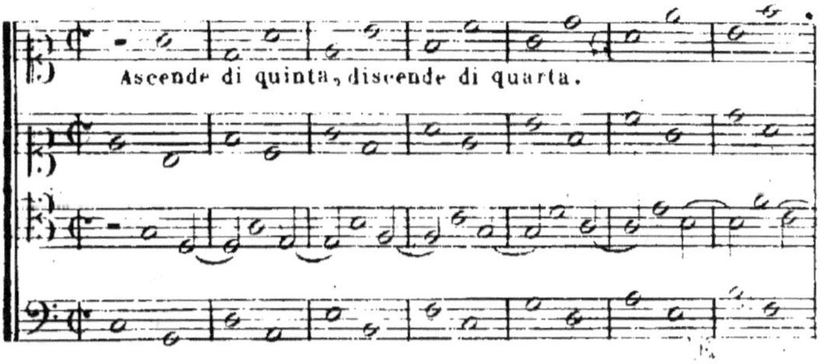

Ascende di quinta, discende di quarta.

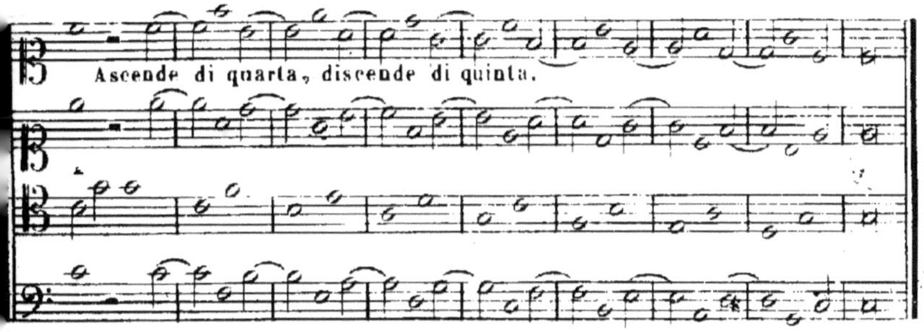

Ascende di quarta, discende di quinta.

XVII

Esercizio Quarto.

Ascende di Sesta, discende di quinta.

Ascende di quinta, discende di Sesta.

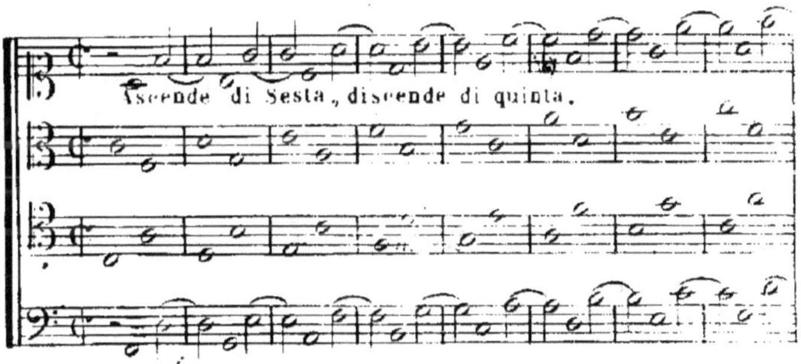

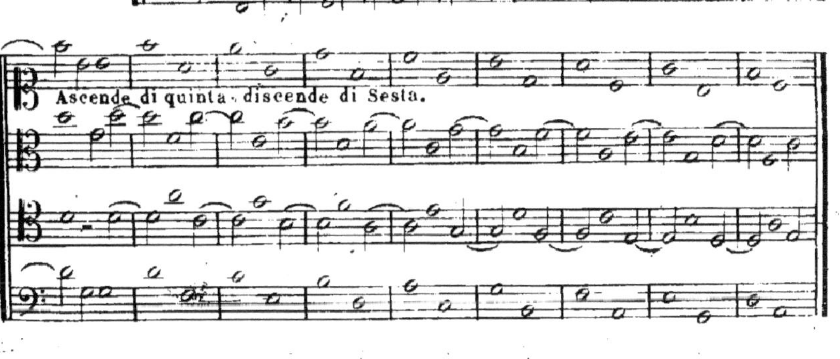

XVIII
Esercizio
Quinto.
Ascende di Sesta, discende di Settima.
Ascende di Settima, discende di Sesta.
XIX
Esercizio
Sesto.
Ascende di ottava, discende di Settima.

XX
Tom. Lud
Vittoria,
modia del
erere a
ttro voci
ue cori
iacere.

Secondo CORO ad libitum.

XXI
i Giuseppe
Baini
oni coll'
rmonia.
Inno A.

ci - - pi - um Na - tus i - nef - - - fa - bi - - - - li - ter
ci - - pi - um Na - tus i - nef - - - fa - bi - - - - - li - ter
ci - - pi - um Na - tus i - nef - - - fa - bi - - - li - ter
ci - - pi - um Na - tus i - nef - - - fa - bi - - - li - ter
XXII
Inno B.
La melodia è di Guido monaco Aretino.
Ut queant laxis re - sona - re fibris Mi - rages - to - rum
Ut queant laxis re - sona - re fibris Mi - rages - to - rum
Ut queant laxis re - sona - re fibris Mi - rages - to - rum
Ut queant laxis re - sona - re fibris Mi - rages - to - rum
famuli tu - orum sol ve pol - luti la bi - i re - a - tum Sancte Jo - han - nes
famuli tu - orum sol ve pol - luti la bi - i re - a - tum Sancte Jo - han - nes
famuli tu - orum sol ve pol - luti la bi - i re - a - tum Sancte Jo - han - nes
famuli tu - orum sol ve pol - luti la bi - i re - a - tum Sancte Jo - han - nes
XXIII
Inno C.
Antra de ser - ti te - neris sub annis, Ci - vium tur - ma
Antra de ser - ti te - neris sub annis, Ci - vium tur - ma
Antra de ser - ti te - neris sub annis, Ci - vium tur - ma
Antra de ser - ti te - neris sub annis, Ci - vium tur - ma

fu_giens, pe_tis _ ti; Ne levi saltem macula_re vi_tam Famine pos_ses.
XXIV
no D.
Iste con fes_sor domini sa_cra _ tus Fessa plebs cu_jus ce lebrat per
orbem Hac die læ _ _ tus meruit se_cre _ ta Scan _ _ _ dere cœ_lis.
XXV
Stesso
no con
tra
monia.
Iste con fes_sor domini sa_cra_tus Fessa plebs cu_jus celebrat per

orbem Hae die lae _ tus meruit se_cre_ta Scan _ _ dere coe _ _ li
orbem Hae die lae _ tus meruit se_cre_ta Scan _ _ dere coe _ _ li
orbem Hae die lae _ tus meruit se_cre_ta Scan _ _ dere coe _ _ li
orbem Hae die lae _ tus meruit se_cre_ta Scan _ _ dere coe _ _ li
XXVI.
Inno E.
Au_ro_ra lucis ru_ti_lat Coelum laudibus in _ to _ nat
Au_ro_ra lucis ru_ti_lat Coelum laudibus in _ to _ nat
Au_ro_ra lucis ru_ti_lat Coelum laudibus in _ to _ nat
Au_ro_ra lucis ru_ti_lat Coelum laudibus in _ to _ nat
Mundus ex_ultans ju _ bi _ lat Ge_mens in_fer_nus u _ _ lu_lat
Mundus ex_ultans ju _ bi _ lat Ge_mens in_fer_nus u _ _ lu_lat
Mundus ex_ultans ju _ bi _ lat Ge_mens in_fer_nus u _ _ lu _ lat
Mundus ex_ultans ju _ bi _ lat Ge_mens in_fer_nus u _ _ lu _ lat
XXVII.
Inno F.
La poesia e la melodia non si trovano in nessun libro stampato
O Roma no _ bi_lis or _ bis et do _ mi_na Cun_ctaru
O Roma no _ bi_lis or _ bis et do _ mi_na Cun_ctaru
O Roma no _ bi_lis or _ bis et do _ mi_na Cun_ctaru
O Roma no _ bi_lis or _ bis et do _ mi_na Cun_ctaru

Per te, tu præpotens
Coelorum claviger,
Vota precantium
Exaudi jugiter;
Cum bis sex tribuum
Sedebis arbiter,
Factus placabilis,
Judica leniter;
Teque petentibus
Nunc temporaliter
Ferto suffragia
Misericorditer.

O Paule, suscipe
Nostra precamina,
Cujus philosophos
Ruit industria;
Factus œconomus
In domo regia,
Divini muneris
Appone fercula;
Ut quæ expleverit
Te sapientia
Ipsa nos repleat
Tua per dogmata. Amen

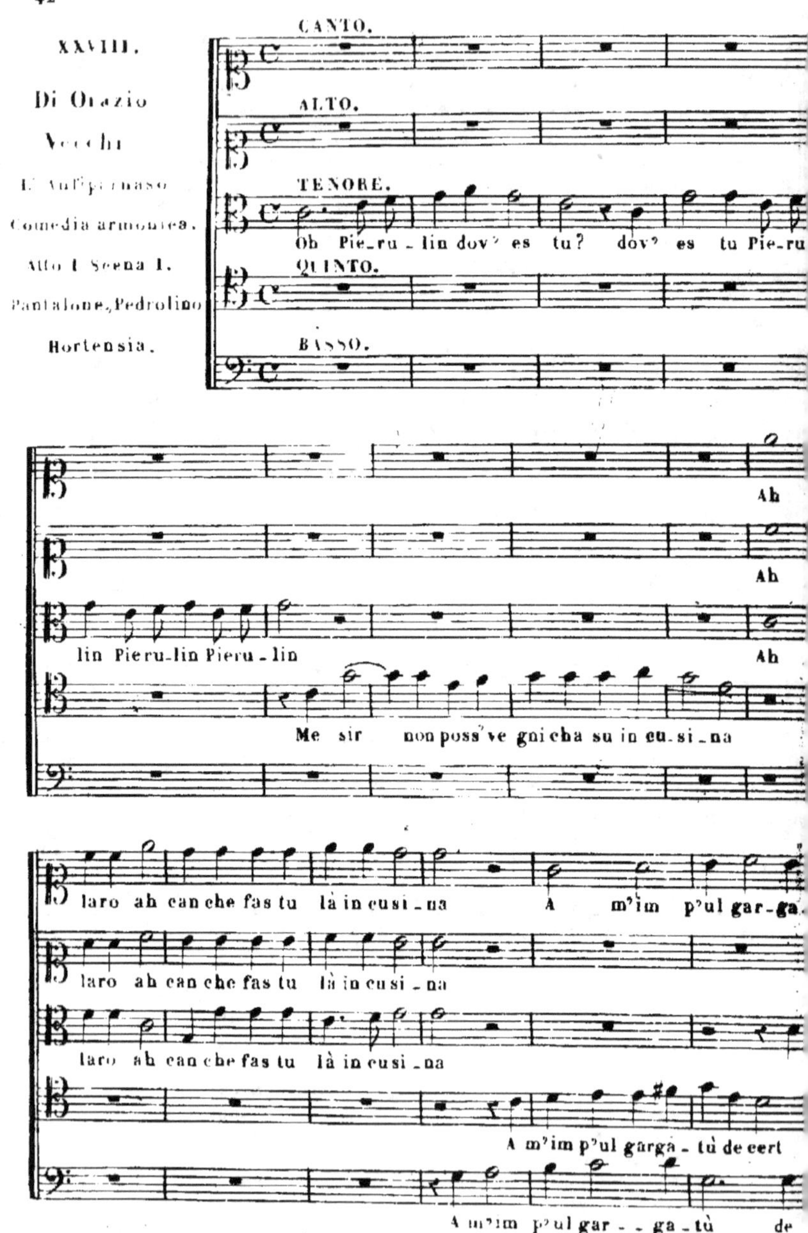
XXVIII.
Di Orazio
Vecchi
L' Anfiparnaso
Comedia armonica.
Atto I Scena I.
Pantalone, Pedrolino
Hortensia.
CANTO.
ALTO.
TENORE.
Oh Pie_ru _ lin dov' es tu? dov' es tu Pie_ru
QUINTO.
BASSO.
Ah
Ah
lin Pieru_lin Pieru _ lin
Ah
Me sir non poss've gni cha su in cu_si _ na
laro ah can che fas tu là in cusi _ na A m'im p'ul gar-ga
laro ah can che fas tu là in cu si _ na
laro ah can che fas tu là in cusi _ na
A m'im p'ul garga _ tù de cert
A m'im p'ul gar _ _ ga _ tù de

tù de cert co _ _ tai che can_ta tucch'ul dì Pi _ pi ri_pì

Pi _

cert cotai che can_ta tucch'ul dì Pi _ pi ri _ pì

co _ _ tai che can _ ta tucch'ul di Pi _ pi ri _ pi pi_pi ri_

cert cotai che can_ta tucch'ul di che can _ ta tucch'ul di Pi_pi ri_

cu cu ru cu cu cu ru cù

_pi ri_pì cu cu ru cù Ah besti a ti vuol dir è ga lett è

Ah besti a ti vuol dir è galett è

_pì cu cu ru cù cu cu ru cù

_pì cu cu ru cù cu cu ru cù Ah besti a ti vuol dir è galett è

Che m'coman_def mesir Pianta _ _ li _ mu

pizzon Che m'coman_def m mesir Pianta _ li _ mu

pizzon Che m'coman_def mesir Pianta_li _ mu

hor_sù vien fuo _ _ ra si

pizzon horsù vien fuo _ ra si

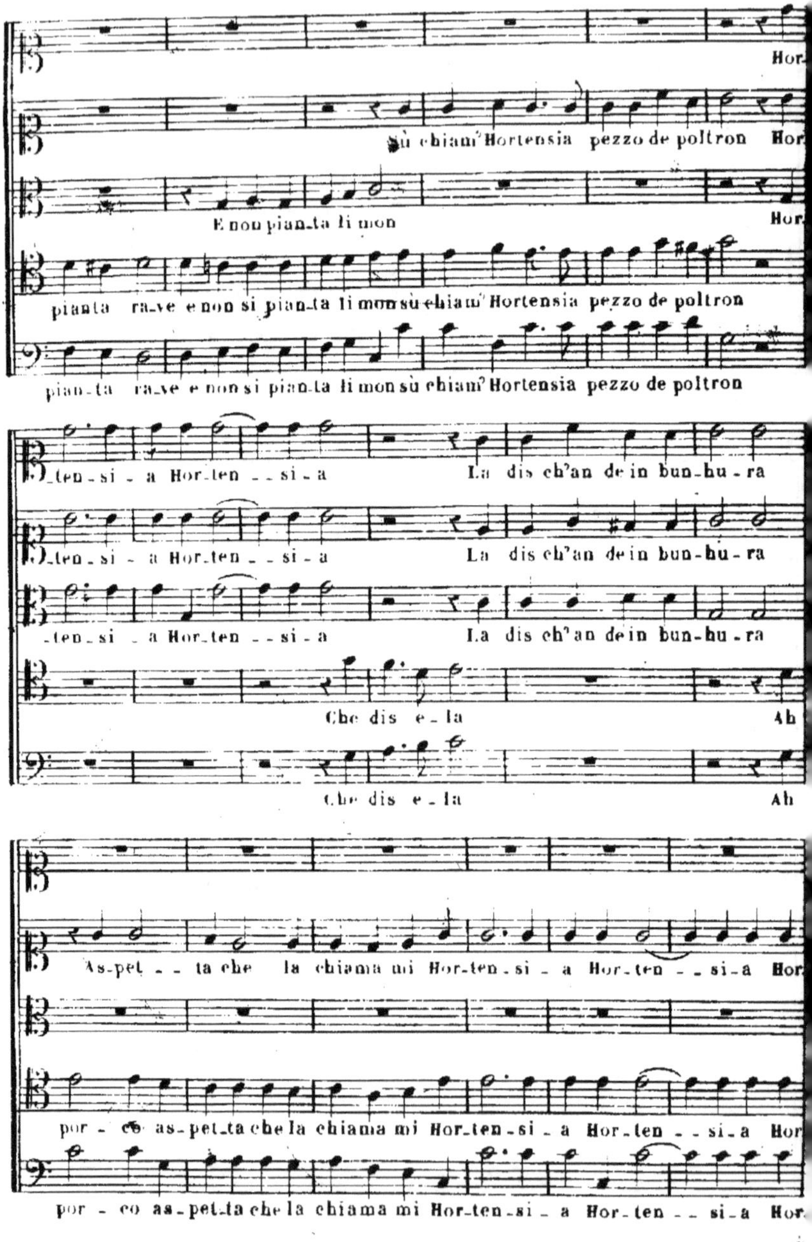

Hor
Sù chiam' Hortensia pezzo de poltron Hor
E non pian_ta li mon Hor
pianta ra_ve e non si pian_ta li mon sù chiam' Hortensia pezzo de poltron
pian_ta ra_ve e non si pian_ta li mon sù chiam' Hortensia pezzo de poltron
_ten_si_a Hor_ten_ _si_a La dis ch'an de in bun_hu_ra
_ten_si_a Hor_ten_ _si_a La dis ch'an de in bun_hu_ra
_ten_si_a Hor_ten_ _si_a La dis ch'an de in bun_hu_ra
Che dis e_la Ah
Che dis e_la Ah
As_pet_ _ta che la chiama mi Hor_ten_si_a Hor_ten_ _si_a Hor
por_ co as_pet_ta che la chiama mi Hor_ten_si_a Hor_ten_ _si_a Hor
por_ co as_pet_ta che la chiama mi Hor_ten_si_a Hor_ten_ _si_a Hor

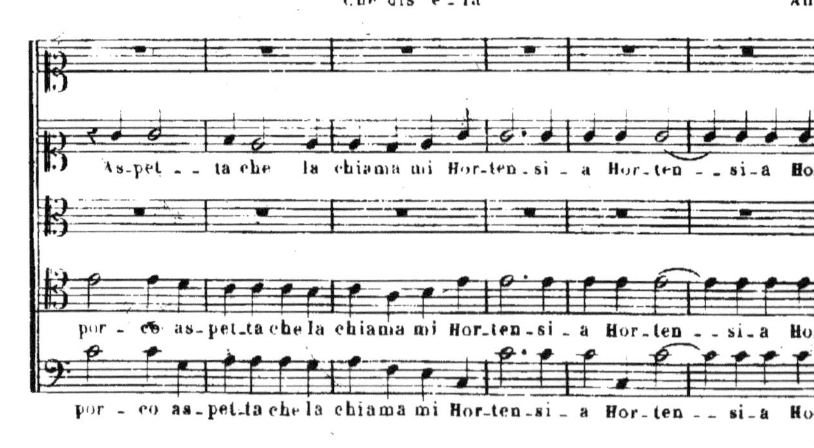

E chi è quell' impor_tun che
ten-en-en-en-en-en - en-en-en-en-en-en - en_si_a E chi è quell'importun che
E chi è quell' impor_tun che
ten-en-en-en-en-en - en-en-en-en-en-en - en_si_a
ten-en-en-en-en-en - en-en-en-en-en-en - en_si_a
chiam' Horten_si _ a? che ser_vi _ to _ re
chiam' Horten_si _ a? Un vostro ser vi tor che ser_vi _ to _ re
chiam' Horten_si _ a? che ser_vi _ to _ re
Un vos _ _ tro ser_vi _ tor
Un vos _ _ tro ser_vi _ tor
Va _ te ne in malhora Va _ te ne in malho _ ra Vecchi accio rimbam_bi _ to
Va _ te ne in malhora Va _ te ne in malho _ ra Vecchi accio rimbam_bi _ to Cre
Va _ te ne in malhora Va _ te ne in malho _ ra Vecchi accio rimbam_bi _ to Cre

Cre - di ch'io sia u-na don-na da par - ti - to
-di ch'io sia u-na don - - - na da par - ti - to
-di ch'io sia u-na don - - - na da par - ti - to Pian pian
Pian pian
Pian pian
-ra ma-don - na vole vù che ve di - ga u na pa rol a sol da vù
-ra ma-don - na vole vù che ve di - ga u na pa rol a sol da vù
-ra ma-don - na vole vù che ve di - ga u na pa rol a sol da vù
No ch'io non voglio no S'io 'lso S'io 'lso S'io
No ch'io non voglio no S'io 'lso S'io 'lso S'io 'lso S'io
mi No ch'io non voglio no S'io 'lso S'io 'lso S'io
mi
mi

'lso 'lso S'io 'lso 'lso 'lso Mi ra che gar_bo mi ra che fus_to ha_vrei
'lso 'lso S'io 'lso 'lso 'lso Mi ra che gar_bo mi ra che fus_to ha_vrei
'lso 'lso S'io 'lso 'lso 'lso Mi ra che gar_bo mi ra che fus_to ha_vrei
ben gus_to 'lso 'lso 'lso 'lso 'lso 'lso 'lso 'lso O po_vero Pan_ta
ben gus_to 'lso 'lso 'lso 'lso 'lso 'lso 'lso 'lso O po_vero Pan_ta
ben gus_to 'lso 'lso 'lso 'lso 'lso 'lso 'lso 'lso O po_vero Pan_ta
'lso 'lso 'lso 'lso 'lso 'lso 'lso 'lso O po_vero Pan_ta
O po_vero Pan_ta
_lon O povero Panta_lon ah donna in_
_lon O povero Panta_lon ah donna in gra_
_lon O povero Panta_lon ah donna in_gra_
_lon O povero Panta_lon ah donna in_
_lon O povero Panta_lon ah donna in_gra_

XXIX.

Del Sopraccennato

O. Vecchi.

L'Anfiparnaso

Atto III Scena 3.

Francatrippa,

Ebrei da dentro.

O Hebræ orum gen - - - ti - - bus
o-rum genti - - bus O Hebræ o-rum gen-ti - - bus
toch O Hebræ o-rum gen - - - - - - - - - - - - - - ti-
tach tich toch tich toch O Hebræ o-rum gen-ti-bus
toch O Hebræ o-rum gen-ti - - bus O Hebræ o-rum genti-
tich tach toch toch toch toch su prest'avri su prest'avri a-vri su prest'
bus tach toch toch toch toch toch toch su prest'avri su prest'avri a-vri su prest'
tich tach toch toch toch toch su prest'avri su prest'avri a-vri su prest'tich
bus tach toch toch toch toch su prest'avri su prest'avri a-vri su prest'
tich tach tich toch tich tach tich toch
tich tach tich toch tich tach tich toch Da hom da bè cha tragh zo
tich tach tich toch tich tach tich toch Da hom da
tach tich toch tich tach tich toch Da
tich tach tich toch tich tach tich toch Da hom da bè cha tragh zo

Pus cha tragh zo Pus cha tragh zo Pus cha tragh zo Pus cha tragh zo Pus
be cha tragh zo Pus cha tragh zo Pus cha tragh zo Pus
hom da be cha tragh zo Pus cha tragh zo Pus cha tragh zo
Pus da hom da be cha tragh zo Pus cha tragh zo Pus
Ahi Baru _ chai ahi Bada _ nai Bada _ nai Mer _ _ _ _ _ do
Pus
Ahi Ba _ ru chai ahi Ba _ da _ nai Ba _ da _ nai Mer _ do _
Ahi Ba _ ru _ chai Ba _ da _ nai Merdo _ chai An Bi _ lu _ _ chan ghet
Ahi Ba _ ru _ chai Ba _ da _ nai Merdo _ chai An Bi _ lu _ _ chan ghet
chai Ahi Ba _ ru _ chai Ba _ da _ nai Merdo _ chai An Bi _ lu
Ahi Ba _ ru _ chai Ba _ da _ nai Merdo _ chai An Bi _ lu _ _ chan ghet
chai Ahi Ba _ ru _ chai Ba _ da _ nai Merdo _ chai An Bi _ lu _ _ chan ghet

Mi _ lo _ tram La Ba _ rucha _ bà la Ba _ ru _ _ _ cha _
Mi _ lo _ tram La Ba _ rucha _ _ bà la Ba _ rucha _ _ bà la
chan ghet Mi lo tram La Ba _ rucha _ bà la Ba _ ru _ _ _ cha _
Mi _ lo _ tram La Ba _ rucha _ _ bà la Ba _ rucha _ _ bà la Ba _
Mi _ lo _ tram La Ba _ rucha _ _ bà la Ba _ rucha _ _ bà la Ba _ rucha _
bà la Ba _ rucha _ bà
Ba _ _ _ rucha _ bà
bà la Ba _ rucha _ bà A no fa _ rò ver _ got mai de _ ne _ got Chi
_ ru _ _ cha _ _ bà A no fa rò ver _ got mai de _ ne _ got Chi
bà la Ba _ rucha _ bà A no fa rò ver _ got mai de ne _ got Chi fa la
Tich tach tic
O Che'l dia _ vol t'af _ fo _ _ ga tich
fa la si _ na _ go _ ga Tich tach tich
fa la si _ na _ go _ ga O che'l dia _ vol t'af _ fo _ _ _ _ _ _ ga tich
si _ na _ _ go _ _ ga O Che'l dia _ vol t'af _ fo _ _ ga tich

tach tiche tiche tach tiche tach tiche tach
tach tiche tich - tach tiche tach tiche tach
tach tiche tiche tach tiche tiche tach tiche tach tiche tach A -
tach tiche tiche tach tiche tiche tach tiche tach tiche tach A.
tach tiche tiche tach tiche tach tiche tach
-zo ro.
-zo ro.
As - - - sach Mus - - sach Jo.
As - sach Mus-sach As - sach Mus -
-chot As - sach Mus - - sach As - - sach Mus sach
-chot As - sach Mussach As - sach Mussach Jo - - chut
As - - sach Mus - - sach As - - sach Mus -

chut Zo - - - - - - ro - chot Calamala Ba - la - chot
sach Jo - chut Zo - ro - chot Calamala Ba - la - chot
Jo - - chut Zo - ro - chot Calamala
Zo - - ro - - chot Calamala Ba - la -
sach Jo - - chut Zo - ro - chut
Calamala Ba - la - chot Calamala Ba - la - chot Ca - la -
Calamala Ba - la - chot Calamala Ba - la - chot
Ba - la - chot Calamala Ba - la - chot Calamala Ba - la -
chot Calamala Ba - la - chot Calamala Ba - la -
Calamala Ba - la - chot Calamala Ba - la - chot Calamala
ma - la Ba - la - chot
Calamala Ba - la - chot U uhi O Mes -
chot Ba - la - chot U uhi u uhi u uhi
chot mala Bala - chot U uhi u uhi O Mes -
Ba - la - chot U uhi u uhi O Mes -

C'ha pulset a sto porton?
sir A ron C'ha pulset a sto porton?
C'ha pulset, a sto porton?
_sir A_ron Sò mi Sò mi messir A_ro
sir A_ron Sò mi Sò mi messir A_ro
Ba_da_nai Badanai che Cheusa volit? che cheusa di_cit?
Ba_da_nai Ba_danai che Cheusa volit? che cheusa di_cit?
Ba_da_nai Ba_danai che Cheusa volit? che cheusa di_cit?
Ba_da_nai Ba_danai che Cheusa volit? che cheusa di_cit? A vo_ra
A vo_ra
O Sa_mu_ël Samu_ël ve_nit? a
O Sa mu ël Samu ël ve_nit? a
O Sa mu ël Samu ël ve_nit? a
im_pegnar sto bra_damant O Sa_mu_ël Samu_ël
im_pegnar sto bra_damant

bess ve_nit? a bess ve_nit? a bess A_da_nai che
bess ve_nit? a bess ve_nit? a bess A_da_nai che l'è lo Goi A_da_
bess ve_nit? a bess ve_nit? a bess A_da_nai che l'è lo Goi
l'è lo Goi ch'è ve_nut con lo mos_cogn Che vuol lo pa_ra_
nai che l'è lo Goi ch'è ve nut
ch'è ve_nut con lo vuol lo pa_ra_
chem. L'è Sab_bà cha no po_
chem. L'è Sab_bà cha
chem. L'è Sab_bà cha no po_dem cha no po_
L'è Sab_bà cha no po_dem L'è Sab_bà cha no po_
L'è Sab_bà cha no po_dem cha no po_

dem L'è Sab - - bà cha no po - - dem l'è Sab - -
no po - - dem l'è Sab - - bà cha no po-dem l'è Sab-
dem cha no po - dem cha no po - dem l'è Sab - bà
dem L'e Sab - - bà cha no po - dem cha no po - dem l'è Sab - bà cha no po
dem cha no po - dem l'è Sab - - bà cha
bà cha no po - - dem l'è Sab - - bà
bà cha no po - - dem l'è Sab - bà cha no po - dem l'è Sa
cha no po - dem l'è Sab - - bà cha no po dem l'è Sab - bà
dem l'è Sab bà cha no po dem l'è Sab bà
no po - dem cha no po - dem
cha no po - - dem l'è Sab - bà cha no po - - dem.
- bà cha no po - dem l'è Sab - bà cha no po - dem.
cha no po - - dem l'e Sab - ba cha no po - dem cha no po - dem.
l'è Sab - - bà l'è Sab - bà cha no po - dem.
l'è Sab - bà cha no po - dem.

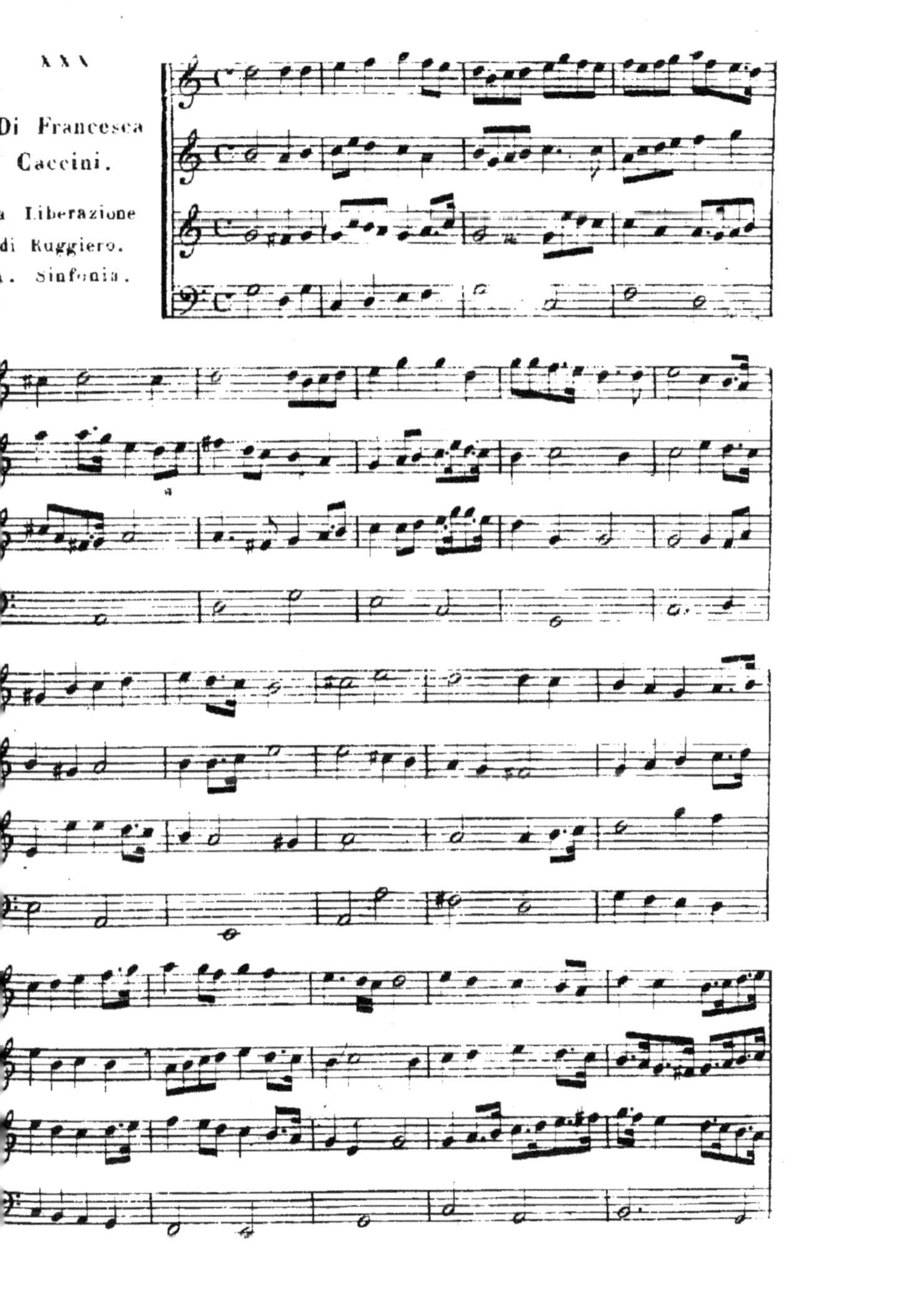
XXX
Di Francesca Caccini.
a Liberazione di Ruggiero.
Sinfonia.

XXXI
B.
Coro di Numi d'acque.
Biondo dio del bel Per_messo Movi Spes_so D'an_ree
Biondo dio del bel Per_messo Movi Spes_so D'an_ree
Biondo dio del bel Per_messo Movi Spes_so D'an_ree
Biondo dio del bel Per_messo Movi Spes_so D'an_ree
Biondo dio del bel Per_messo Movi Spes_so D'an_ree
Biondo dio del bel Per_messo Movi Spes_so D'an_ree

corde un suon dol cis si mo E concor de L'armoni a Sempre si a
corde un suon dol cis si mo E concor de L'armoni a Sempre si a
corde un suon dol cis si mo E concor de L'armoni a Sempre si a
corde un suon dol cis si mo E concor de L'armoni a Sempre si a
corde un suon dolcissi_mo E concor de L'armoni a Sempre si a
corde un suon dol cis si mo E concor de L'armoni a Sempre

Al_valor del rè for_tis_si_mo Al_va_lor al_valor del rè fortis_si _mo
Al_valor del rè for_tis_si_mo Al_va_lor al_valor del rè fortis_si _mo
Al_valor del rè for_tis_si_mo Al _ va_lor del rè for_tis _ _ si _ mo
Al_valor del rè for_tis_si_mo Al_va_lor del rè del rè for_tissi_ mo
Al_valor del rè for_tis_si_mo Al_va_lor del rè for_tis_si _ mo
Al_valor del rè for_tis_si_mo Al _va_lor del rè for_tis _ _ si _ mo
XXXII
C.
Duetto.
Au re vo _ lan _ ti Au_gei ca _ no _ ri Fon_ti stil
Au re vo _ lan_ti Au_gei ca _ no _ _ ri_
_lan _ _ ti Gratie et a mo
Fon_ti stil _ lan _ _ ti Gra tie et a mo
_ _ _ _ _ ri Quinci d'in _ tor _ _ no Fa _ te più chiar' il sol pi
_ _ _ _ _ ri Quin_ci d'in _tor _ _ no Fa _ te più chiar' il
6

lie - - - - - - - - - - to il gior - - - no Fa - te più chiar' il

sol più to il gior - no Fa - te più

6 6

sol più lie - - - - - - - - - to il gior - - - - - - - - no

chiar' il sol più lie - - - - - - - - to il gior - no

XXXIII

D.

Aria della Sirene

Chi nel fior di giovi - nezza Vuol gio - ir d'alma dol - cezza Amor segua che di - legua ogni noia o gni do - - - lo - re Se - gu' A more se - gu' Amore Chi nel fior di gio - vi - nezza

6 6

Vuol gior - ir d'al - ma dol - cezza vuol giorir d'alma dol - cez - - za.

XXXIV
E.
Recitativo di Ruggiero.
Deh qual nelle belle onde Dol _ cis _ si_ma Si
re_na Con ar_mo_ni_a ce_les_te I sen_si affre_ _na?
O mon_ti o piag_gie O Sel_ve Au_gei vo_lanti e
bel ve u di_te dolci accen_ti Ta_cete o fon_ti E voi ta_ce_te o Venti.
tr
XXXV
F.
Coro di Mostri.
Crudeltà
Crudel_tà Di cui mag
Prove_rà prove_rà
Prove_rà
Crudel_tà crudel_tà Di cui mag

Di cui maggior non fù ne mai Sa_rà.
_gior di cui maggior non fù ne mai Sarà ne mai Sa_rà.
Di cui maggior non fù ne mai Sarà ne mai ne mai Sa_rà.
Di cui maggior non fù ne mai Sarà ne mai Sa_rà.
_gior di cui maggior non fù ne mai Sarà ne mai ne mai Sa_rà.
Uno de' Mostri.
Fie _ ri mos_tri dell' em _ pia di _ te As _ sa _ li _ te di mo_
_strate Co_me pu _ ni_re San le vostre i re Chi fè non hà.
D.C. il Coro
Uno de' Mostri.
Fie _ ri mos_tri a voi S'as_pet _ ta La ven _ det _ ta An _ ci
de te A chi lo fie de Al _ ta mer ce de Al _ ei _ na.
D.C. il Coro

XXXVI

Di Claudio Monteverde.

Salmo a Sei Voci e cinque Strumenti.

Lae_ta - - - - - - - - - - - - - - - - - tus lae_ta_tus lae
Lae_ta - - - - - - - - - - - - - - - - - tus lae_ta_tus lae
_ta _tus lae_ta _ tus sum
_ta _tus lae_ta _ tus sum
lae_tatus sum in his in his quae dicta
lae_tatus sum in his in his quae dicta

in his quæ di_cta sunt mi hi in do_mi_
in his quæ di_cta sunt mi hi in do_mi_
_ni i bi_mus
_ni i bi_mus
stantes stantes erant erant pedes erant pe_des no _ _ stri
stantes stantes erant erant pedes erant pe_des no _ _ stri

in a_tri_is tu_is Je_ru_sa_lem
in a_tri_is tu_is Je_ru_sa_lem
Je_ru_salem Je_ru_sa-
Je_ru sa_lem Je_ru_sa_lem
_lem quae ae di fi_ca_tur
quae ae di fi_ca_tur
te di fi_ca_tur ut

ae - di fi - ca - tur ut ci - vi - tas
cu - jus par - ti - ci - pa - ti
ci - vi - tas
cu - jus par - ti - ci - pa - ti - o
- o par - ti - ci - pa - ti - o e - jus in
par - ti - ci - pa - ti - o e - jus in

Segue a due Tenori e due Tromboni.
Trombone 1º
Trombone 2º
Tenore 1º
Il_luc illuc e nim ascen_derunt
Tenore 2º
Illuc il _ _ luc e nim ascen_
Organo.
ascen_derunt ascen_derunt ascen_derunt
_derunt ascen _ derunt ascen _ derunt
ascenderunt tribus tri _ bus tribus do_mi_
ascenderunt tribus tri _ bus tribus do_mi_

-ni tes-ti mo-ni-um I - - - - - sra - ël
-ni tes-ti mo-ni-um I - - - - - - sra - ël ad con-fi - ten-dum
ad con-fi - ten-dum ad con-fi - ten - - - - - - dum no-
ad con-fi - ten - - - - - - dum no-
-mi - ni no - - - mi - ni do - mi - ni
-mi - ni no - mi - ni do - mi - ni

qui_a qui_a il_lie se_de_runt se_des
qui_a qui_a il_lie se_de_runt se_des
se_des in ju_di_ci_o
se_des in ju_di_ci_o
sedes super do_num super do_num Da_vid.
sedes super do_num super do_num Da_vid.

Segue

Segue a due Bassi e Fagotto.

fiat fiat pax
fiat pax
in vir-tu-te tu - a
et a-bun-danti - a abundan-ti - a in tur-ribus tu - - - - - - -
et abundan-ti - a a-bundan-ti - - a in turri-bus
- - - - - - - - - - is.
tu - is.

Segue.

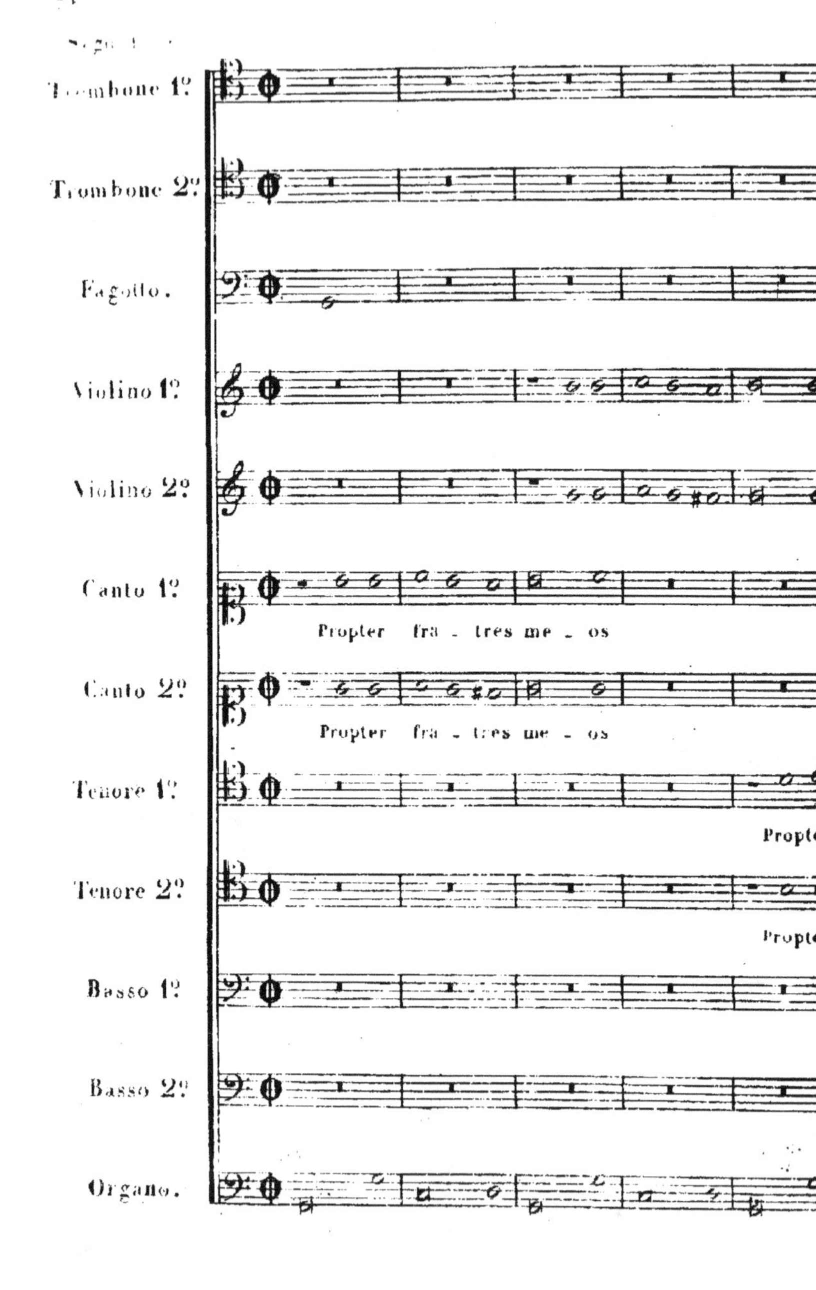
Trombone 1º
Trombone 2º
Fagotto.
Violino 1º
Violino 2º
Canto 1º
Propter fra _ tres me _ os
Canto 2º
Propter fra _ tres me _ os
Tenore 1º
Propter
Tenore 2º
Propter
Basso 1º
Basso 2º
Organo.

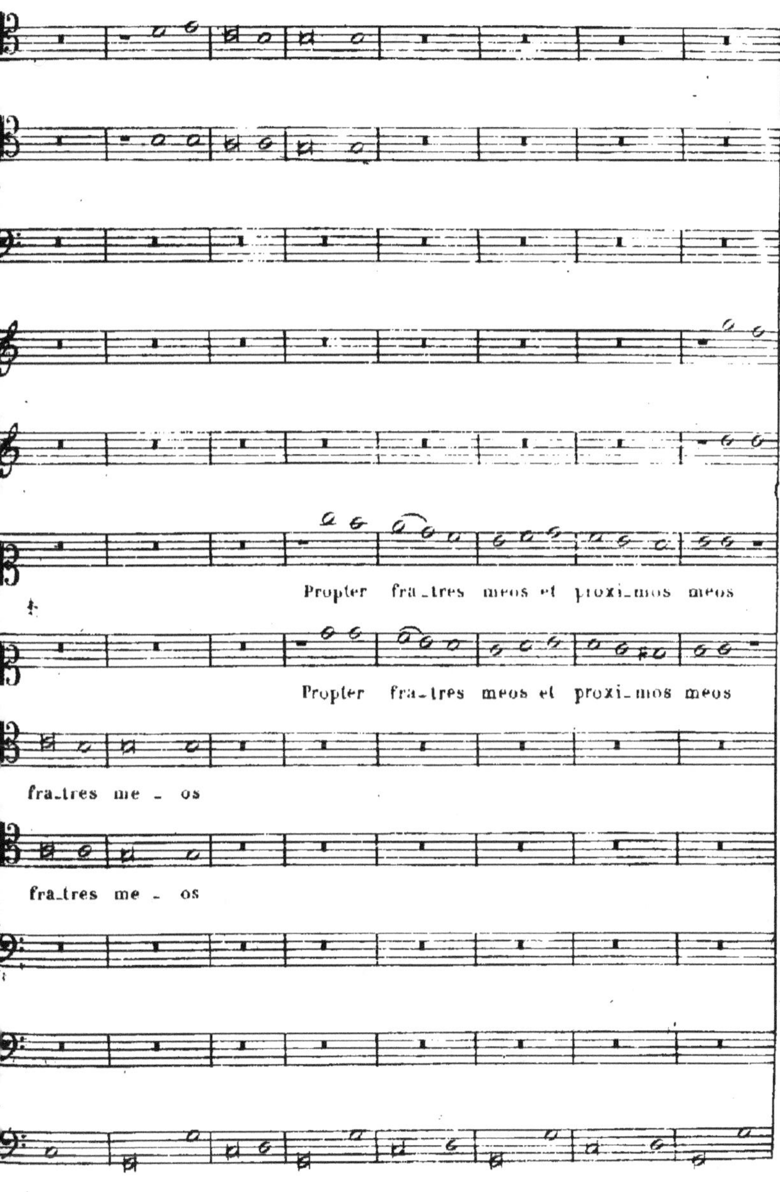
Propter fra_tres meos et proxi_mos meos
Propter fra_tres meos et proxi_mos meos
fra_tres me _ os
fra_tres me _ os

proxi_mos meos Lo_quebar
proxi_mos meos Lo_quebar

Loquebar pa - - cem
loquebar pa - -
Loquebar pa - - cem
loquebar pa - -
Lo-que-bar lo-quebar
Lo-que-bar lo-quebar

-cem
loque-bar pa - cem
loquebar pa-cem pa - cem pacem de te
Loque-bar pa - cem
Loque-bar pa - cem

pa - - - - - cem pacem de te
loque_bar pa - cem pa - cem pacem de te
loque_bar pa - - - - cem
pacem
loque_bar pa - - - - cem
pacem
pa - cem pacem de te
pa - cem pacem de te

de te pa - - - - cem de te
de te pa - - - - cem de te
Propter do - num domi - ni

Propter do _ mum do_mi _ ni De _ i nostri
Propter do _ mum do_mi _ ni De _ i nostri
De _ i no _ stri
Prop _ ter

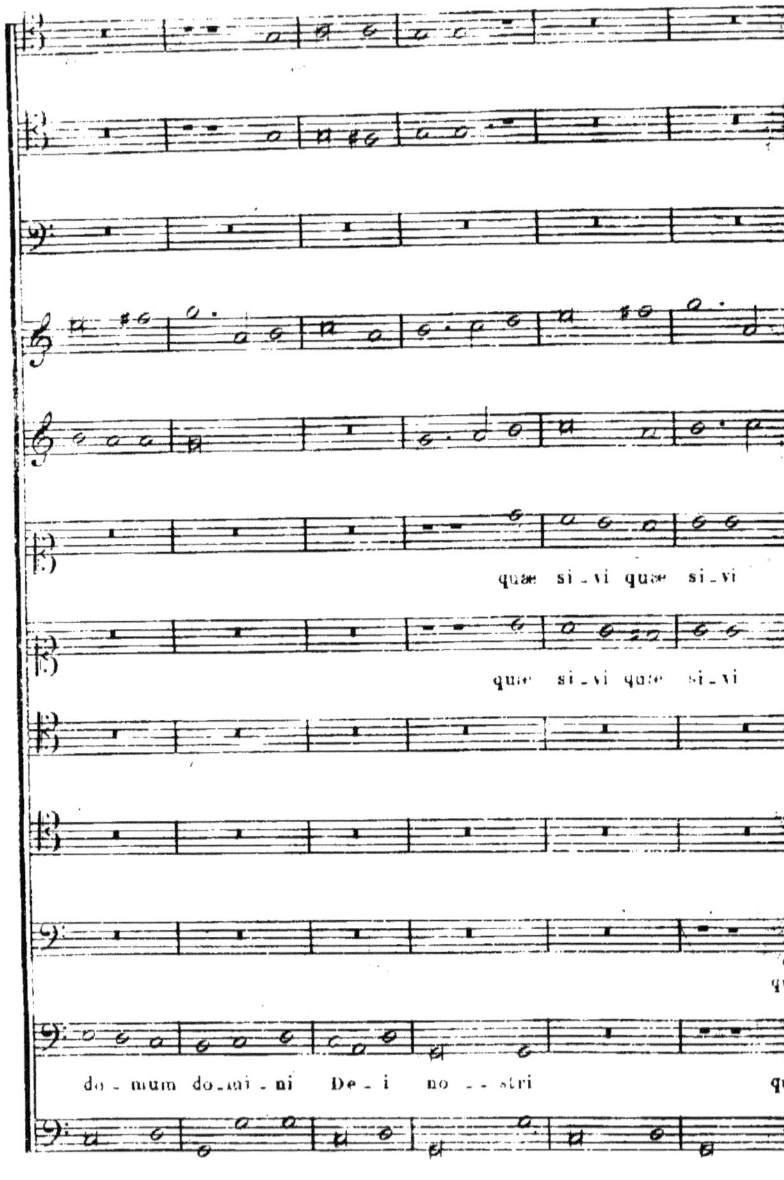
quae si_vi quae si_vi
quae si_vi quae si_vi
qu
do_mum do_mi_ni De_i no__stri
qu

quæ si _ vi quæ si _ vi quæ
quæ si _ vi quæ si _ vi quæ
quæ
quæ
si _ vi bona
quæ
si _ vi bona
quæ

si - vi bona ti - - bi Glo - ri - a Glo - ri - a
si - vi bona ti - - bi Glo - ri - a Glo - ri - a
si - vi bona ti - - bi Glo - ri - a Glo - ri - a
si - vi bona ti - - bi Glo - ri - a
si - vi bona ti - - bi Glo - ri - a Glo - ri - a
si - vi bona ti - - bi Glo - ri - a

patri Glo-ri-a patri et fi - li - o Glo-ri-a patris et fi - li-

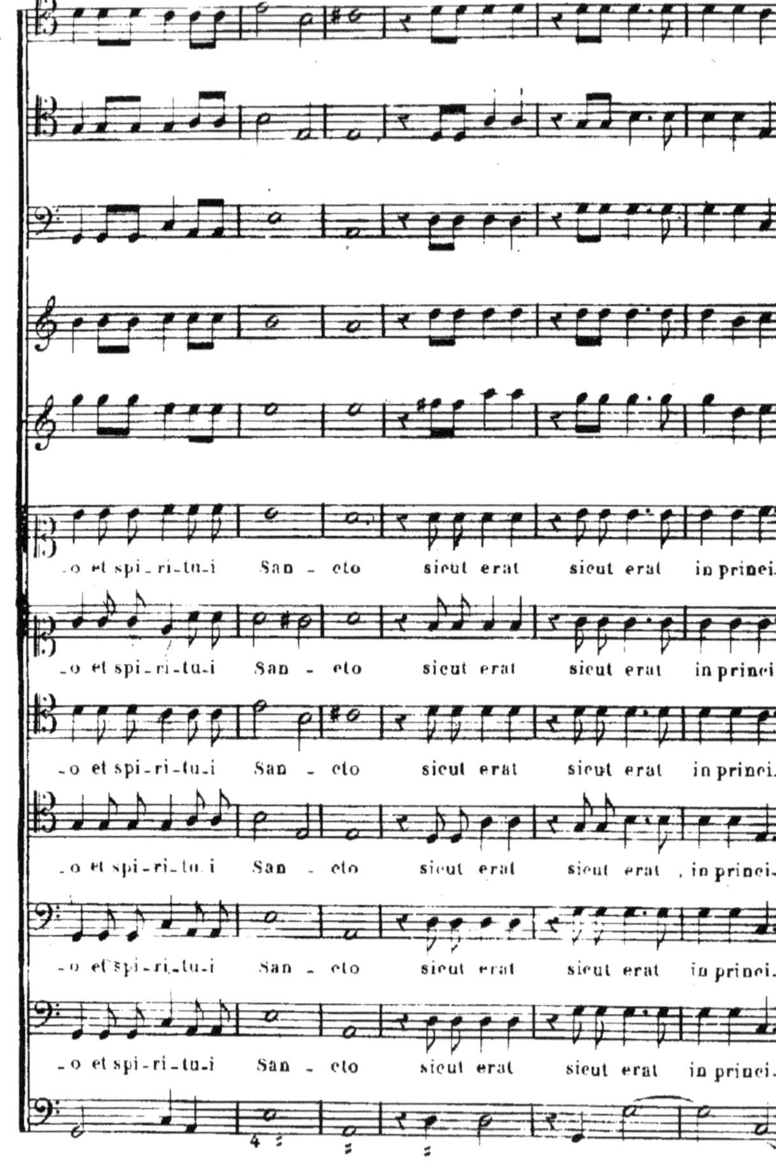
-o et spi-ri-tu-i San - cto sicut erat sicut erat in princi-p
-o et spi-ri-tu-i San - cto sicut erat sicut erat in princi-p
-o et spi-ri-tu-i San - cto sicut erat sicut erat in princi-p
-o et spi-ri-tu-i San - cto sicut erat sicut erat , in princi-p
-o et spi-ri-tu-i San - cto sicut erat sicut erat in princi-p
-o et spi-ri-tu-i San - cto sicut erat sicut erat in princi-p

-o et nune et sem - per semper sem - - per
-o et nune et sem-per semper sem - -
-o et nune et sem - per semper sem - -
-o et nune et sem - per semper sem - -
-o et nune et sem - per semper sem - -
-o et nune et sem - per semper sem - -
4 #

sëmper et in se-cu-la
in secu-la se-cu-la
-per
semper et in se-cu-la
-per
semper et in se-cu-la
-per
semper et in se-cu-la
-per
semper et in se-cu-la
-per
semper et in se-cu-la

-rum a - - - - - - - - - - men

in secu-la secu-lo - - rum a - - - - - - - - - - -

in secu-la secu-lo - - rum a - men a - - -

in secu-la secu-lo - - rum a - - - - - - - - - -

in secu-la secu-lo - - rum a - - - - - - - - - -

in secu-la secu-lo - - rum a - - - - - - - - - -

a
men
men
a
men
a
men
a
men
a
men
a

a
men
men
men
men
men

men
a men
a men a men
a men
a men
a men

XXXVII.

Di Nicolò Porpora. Nella Cantata del SS.º Natale. A. Coro d'Angeli.

se - di - - - - o dall' al - ta so - -
- di - o dall' al - ta
- o dall' al - ta so - - - glia dall'
- o dall' al - ta so - - - - - - - - - - - - - - glia
- glia E di fral ca - du - ca spo - - - - - - - - - - -
so - - - glia E di fral ca - du - ca spo - - - - - -
al - ta so - glia E di fral ca - du - ca spo - -
E di fral ca - du - ca spo - - - - - - - - - - - - - - - - -
- glia L'ampia lu - ce l'ampia luce sua ve - lò l'ampia
- glia L'ampia lu - - - ce sua ve - lò
- glia L'ampia lu - ce l'am - - - pia luce sua ve - lò l'ampia
- glia L'ampia lu - - - - ce sua ve - lò

lu - - - - ce l'am - - - - - - - - pia lu - - ce sua ve -

l'ampia luce l'am - - - - - pia lu - - - - ce sua ve -

lu - - - - ce l'am - - - - - - - - pia lu - - ce sua ve -

l'ampia lu - - ce l'am - - - - - pia lu - - ce sua ve -

lò Viol: Pur l'as - co - - so

lò Viol:

lò Viola: Pur l'as -

lò

suo splen - do - re suo splen - do - - re Del - la not - - te il

Del - la not - - - te il fosco or - ro - re

- co - - so suo splen - do - re suo splen - do - re del - la not - -

Del - la not - - - te il fosco or - rore il fosco or -

fosco or _ rore In se _ _ reno in se _ _ re
in se _ _ re_no In se _ _ re _ no in se_ re
te il fosco or _ ro_re In se _ _ reno in se _ _ re
rore In se _ _ re _ _ no in se _ _ re
no se _ reno di can _ giò in se _ re
no di can _ giò in se _ re
no se _reno di can _ _ giò in se _ re
no se re_ no di can _ _ giò in se _ re
no di can_giò.
no di can_giò.
no di can_giò.
no di can_giò.

STROFA.

Pace in terra, e sì bel [illegible]
Pace in ciel, pace ogni lido,
Pace s'ode lieto risuonar.

Chiari dolci accenti
Gli antri, i monti
E gl'elementi
Lieti pace replicar.

XXXVIII.

Di Nicolò Porpora

B. Duetto e coro de Pastori.

Alto Solo.
Clemente almo signor giusto e pie to so giusto e pie to
Soli.
so Per te l'eta d'ell' o ro a noi a noi ritor na ri
Canto Solo.
Per te si cura tragge il
tor na
suo ri po so il suo ri po so E va vir tù di ric chi fre gia dor na

signor almo signor
Cle_men te almo signor
Cle_men te almo signor almo signor
Cle_men te almo signor giu
giu _ sto e pieto _ so Per te l'età dell'
giu _ sto e pie_to _ so Per te l'età d'ell'o ro per te l'età dell'
giu _ sto e pie_to _ so Per te l'età d'ell'o ro per te l'età dell'
_sto e pieto _ so Per te l'età dell'
oro a noi ritor _ na a noi ri_tor _ na
na a noi ri_tor _ na
oro a noi ritor

Solo.
Per
re le fiere
al
na
Clemente almo signor giu - sto pie - to - - so giu - sto e pi
Clemen te almo signor giu - sto pie - to - - so giu

Tutti
to _ _ _ so Cle men _ _ _ _ _ te cle _ men _ _ _ _ _ _ _ te
Solo.
to _ _ _ so Cle _ men _ _ _ _ _ _ _ _ _ _ _ _ _ _ _ te Tu danni il
Tutti
Cle _ men _ _ _ _ _ _ te cle _ men _ _ _ _ _ _ te
Tutti
Cle _ _ men _ _ _ _ _ _ _ _ _ _ _ _ te

Solo.
Tu assol _ _ vi l'inno _ cen _ te pie _ toso almo signor pie _ to _ so almo si
reo _ pie _ to _ so almo signor pie _ toso almo si

gnor giu _ _ sto cle _ men _ _ _ _ _ _ _ _ _ _ _ te giu _
gnor _ giu _ _ sto cle _ men _ _ _ _ _ _ _ te giu _

7 6 7 6 7 7

sto clemen te Pietoso almo signor

Pieto so almo si gnor almo

giu sto clemen

Tutti. Pieto so giu sto clemen

gnor giu sto clemen

Tutti. Pieto so almo si gnor giu sto giu

te clemen te clemen te

te clemen te clemen te

te clemen te clemen te

sto clemen te clemen te

XXXIX. Di Giovanni Animuccia.

Canone che si legge nella canteria

della santa casa di Loreto.

Sancta Ma_ri _ _ _ a

o_ra pro no _ _ _ _ _

bis Sancta Ma_ri_ _

a o_ra pro nobis o_ra

pro no _ _ bis

San _ _ _ cta Ma _ri _ _

ora pro no _ _ _ _ _ _

bis San _cta Ma_ri_

a o_ra pro no_bis o_ _

_ _ _ _ ra pro no_bis

Sancta Mari _ a San

cta Mari _a o_ra pro nobis o_

ra pro nobis Sancta Mari _

_ a o _ _ _ ra pro

nobis o _ ra pro no _ bis

Risoluzione

di Fr. Giov. Batt.

Martini.

fatta nel 1732.

o - - ra pro no - bis o - - ra pro no - - - bis
- - - - - a o - - - ra pro no - - - bis
o - - ra pro no - - bis o - - - - - - - ra pro no - bis
- ri - - - a o - - ra pro no - - - - bis
o - - - - - ra pro no - bis o - - - ra pro no - - - bis
Risoluzione di Tommaso Redi
San - cta Ma - ri - - - a
San - - - cta Ma - ri - - - a
San - - cta Ma - ri - - - a San -
San - cta
San - - -
o - ra pro no - - - - - - - bis
o - ra pro no - - - - - - - - - - - bis
- cta Ma - ri - - a o - - ra pro no - - bis o - ra pro
Ma - ri - - a ora pro no -
- cta Ma - ri - - a o - ra pro

San_cta Ma_ri - - - - - a
San - - - - cta Ma_ri - - - - a
no - - - - - - - - bis San_cta Ma_ri
bis San - - - cta Ma
no - - - bis Sancta Ma_ri - - - - - - - a
o - - ra pro no _ bis o _ ra pro no - - - bis
o - - ra pro no - - bis o - - - - - - ra pro no _ bis
- - - - - a o - - - - ra pro no - - - bis
_ri - - - a o - - ra pro no - - - bis
o - - - - - - - ra pro no _ bis o - - - - ra pro no - - - bis
XL.
Di Pasquale Pisari.
Canone a 12.
Di farmi ri_trattar non fù non fù mio vo _ to non fù mi
Di farmi ritrattar non fù non fù non fù mio vo
vo _ to non fù mio vo_to di farmi ritrattar non fù non
_to di farmi ritrattar non fù mio vo_to non fù mio vo - - to
fù non fù mio vo - to di farmi ri_trat_tar non fù mio vo _ to
non fù mio vo - - to no non non fù mio vo_to

Risoluzione

Canon duplex ter ad unissonumter ad diapason.

vo _ _ to non fù mio vo _ _ to di farmi ritrattar non
Di far _ mi ritrattar non fù non fù mio vo _ _ to
_ to di farmi ritrattar non fù mio vo _ _ to non fù mio vo _ _
Di farmi ritrattar non fù non
fù non fù mio vo _ to non fù mio vo _ _ _ to non
Di far _ mi
farmi ritrattar non fù non fù non fù mio vo _ _ to di farmi ritrat

fù non fù non fù mio vo - - - - to di farmi
non fù mio vo - - to non fù mio vo - - to di
Di far - mi ritrattar non fù non fù mio
- to non fù mio vo - -
fù non fù mio vo - - - to di farmi ritrat-tar non fù mio vo - - to non
Di farmi ritrattar
fù mio vo - - to di farmi ritrattar non fù non fù non fù mio vo-
ritrattar non fù non fù mio vo - - to non fù mio vo - - to
- tar non fù mio vo - - to non fù mio vo - - to non
Di farmi ritrattar non fù non fù non fù mio vo - - to

ri _ _ trat _ _ tar non fù mio vo _ to Di far _ mi ritrattar non
farmiritrattar non fù non fù non fù mio vo _ _ _ _ to
vo _ _ to non fù mio vo _ to non fù mio
_ _ to non fù non fù mio vo _ _ to Di
fù mio vo _ _ to non fù mio
non fù non fù non fù mio vo _ _ _ to di farmiritrattar non fù mio
_ _ to di farmi ri _ _ trat _ tar non fù mio
non fù mio vo _ to di farmiritrattar non fù non
Di far _ mi ritrattar non fù non fù mio vo _ _ to non fù mio _
fù mio vo _ _ _ _ _ to non non
Di farmiritrattar non fù mio vo _ to non fù mio vo _ _ _ to
Di farmiritrattar non fù non fù non fù mio vo _

fù non fù mio vo _ to non fù mio vo _ _ to non
di farmi ri _ _ trat _ tar non fù mio vo _ _ to Di far _ mi
vo _ _ to di farmi ritrattar non fù non fù non fù mio vo _ _ _ to
farmi ritrattar non fù non fù non fù mio vo _ _ _ to di farmi ritrat
vo _ _ _ _ _ to non no non fù mio vo _ _
vo _ _ to non fù mio vo _ _ to non fù
vo to Di far mi ritrattar non fù non fù mio vo to
_ fù non fù mio vo _ _ _ to di farmi ri _ trat _
_ vo _ _ _ to non fù mio vo _ to di farmi ritrattar non
_ non fù mio vo _ _ _ to Di farmi ritrattar non fù non
non fù mio vo _ _ _ _ to
_ to di farmi ritrattar non fù mio vo _ to non fù mio vo _ _

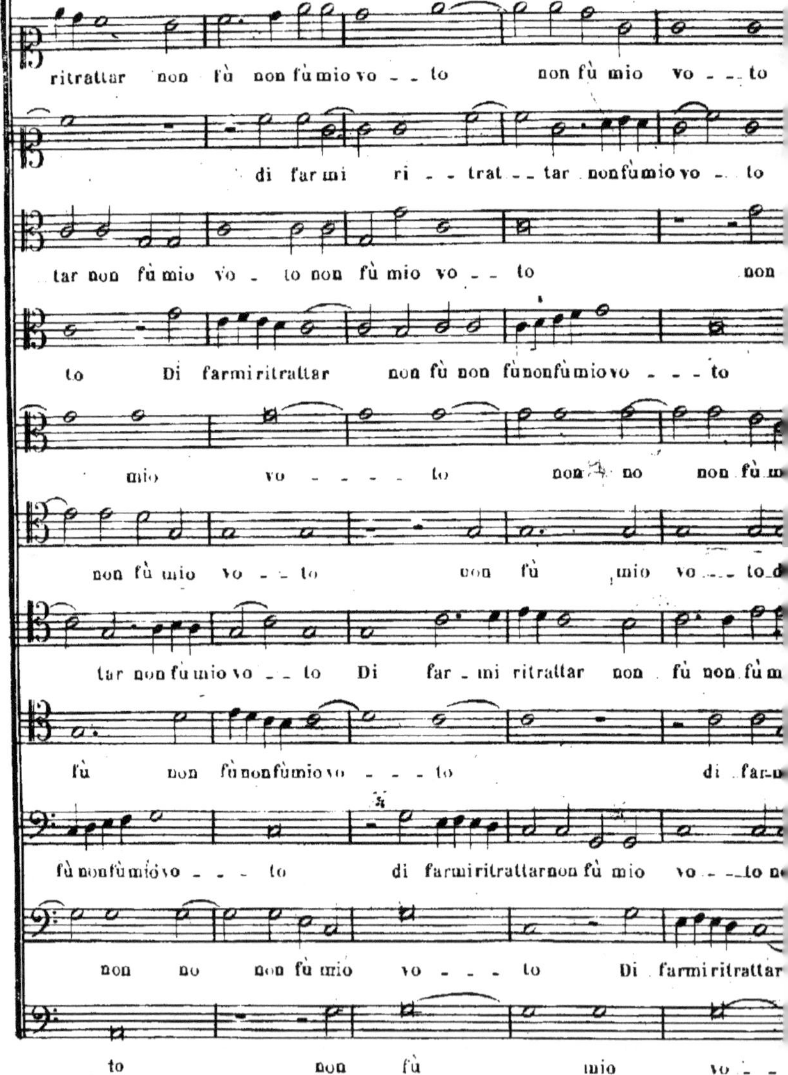

fù mio vo _ _ to di farmiritrattar non fù non fùnonfùmiov
ritrattar non fù non fù mio vo _ _ to non fù mio vo _ _ to
di far mi ri _ _ trat _ _ tar nonfùmio vo _ to
tar non fù mio vo _ to non fù mio vo _ _ to non
to Di farmiritrattar non fù non fùnonfùmiovo _ _ _ to
mio vo _ _ _ _ to non no non fù m
non fù mio vo _ _ to non fù mio vo _ _ to d
tar non fù mio vo _ _ to Di far _ mi ritrattar non fù non fù m
fù non fùnonfùmiovo _ _ _ to di far
fùnonfùmiovo _ _ _ to di farmiritrattarnon fù mio vo _ _ to n
non no non fù mio vo _ _ _ to Di farmiritrattar
to non fù mio vo _ _

- - to di farmi ri trat - tar non fù mi
non fù mio vo - - to di farmi ritrattar non fù non
Di farmi ritrattar non fù non fù mio vo - - to non fù mio
fù mio vo - - - - - to non non
di farmiritrattarnon fù mio vo to non fù mio vo to
vo - - - to Di farmiritrattar non fù non fù non fù mio vo -
- farmiritrattar non fù non fù non fù mio vo - - - - to
vo - - to non fù mio vo - - to non fù mio
ri - - trat - tar non fù mio vo - - to Di far - mi ritrattar non
fù mio vo - - - to non fù mio
non fù non fù non fù mio vo - - - to di farmi ritrattar non fù mio
- - to no no non fù mio vo - - - to Di

XLI. Di Giuseppe Iannacconi Canone a dodici in tre Cori.

bi - tur
bi-
bi -- tur
mul - ti-pli - ca
Mul-ti-pli - ca
Mul - ti - pli - ca
Mul - ti-pli - ca
ca
bi
Mul - ti - pli -
Mul - ti-pli - ca

mul _ ti pli _ ca _ _ _ bi _ tur mul _ _ ti _ pli _ ca _ _
bi _ tur mul _ _ ti _ pli _ _ ca _ _ _ bi
_ tur mul _ ti _ pli _ _ ca _ _ _ _ _ _ bi _ tur mul _
bi _ _ tur mul _ ti _ pli _ ca _ bi _ tur mul _ ti _ pli
bi _ tur mul
bi _ _ tur
_ tur mul _ ti _ pli _ ca _ _ _ _ _ _ _ bi _
Mul _ ti _ pli _ ca _
Mul _ ti _ pli _ ca _
bi _ _ tur

_bitur mul_ti_pli_ca bi_tur multipli_
tur multi.pli _ ca bi_tur multipli
ti.pli_ca bi tur mul_ti_pli_ca.bi_tur
ca bi tur mul_ti_pli_
_tipli_ca bitur mul ti_pli_ca bi_tur multi.pli_
_tur mul ti pli ca bi_tur
mul_ti.pli_ca bi _ tur mul_tipli _ ca
_tur mul_ti_pli_cabitur mul_tipli _ ca
bi_tur mul_ti_pli_ca
bi _ tur mul_
bi tur mul_tiplica_
mul_ti_pli_ca bi _ tur multi.pli_

ca - - - - - - - - bi - tur
mul-ti pli-ca - - bi -
ca - - - - - bi-tur
mul-ti pli - ca - - - - - bi tur m
mul-ti-pli - ca - - - - - - - - - - - - - - - bi- tur
ca - - bi - tur
mul - ti-pli - ca - - - - bi - tur
ca - - - - - - - - - - - - - - bi - tur multi-pli - ca - - -
mul-ti-pli - ca - - - - - - bi-tur
multi-pli - ca - - - -
- - bi - - - tur
mul - ti-pli-ca-bi-tur
mul-ti-pl
- - bi - - - tur
mul - ti - pli - - ca - - bi
mul - ti-pli-ca - - - - bi-tur
mul - ti-pli-ca - - -
- ti - pli - - - ca - - - bi-tur
mul-ti-pli
- - - bi - tur
mul - ti-pli - ca - - - - - - - - - - bi -
- ca - bi-tur
mul- ti-pli - ca - - - - - - - - - - - - - - bi

tur multi-pli - ca - - - - - - - - bi - tur mul-ti-pli-
- ti - pli - - ca - - - - - - - - bi - tur mul-ti-pli-
mul - ti pli - ca - - - - - - bi - - tur mul - ti - pli - ca - bi-
mul - ti-pli - ca - - - - - - - - bi - tur
- - - bi - tur mul-ti-pli - ca - - bi-tur multi-pli-
- - bi-tur mul - ti-pli - ca - - - - - - bi-tur mul - ti - - pli - -
ca - - - - - - - - - - - - - - - bi - tur mul-ti-pli-
-tur mul-ti-pli - ca - - - - bi - tur mul-ti-pli-
- - - - - - - - bi - tur mul-ti-pli - ca - - - - - - - - bi-
ca - - - - - bi-tur mul-ti-pli - ca - - - - - - bi-tur
- tur mul - ti-pli - ca - bi-tur mul-ti-pli - ca - - -
- tur mul - ti - - pli - - ca - - bi - tur mul-

ca - - - - - - bi - tur mul_ti - - pli - ca - - - - - bi - tur
ca - - - - - - bi_tur multipli ca - - - - - - - - - - - - - bi_tur
mul_ti pli_ca - bi - tur mul_ti_pli - - ca - - - - - - - - - - bi_tur
ca - - - - - - - bi - tur multiplica - - - bi_tur multipli - ca - - bi - tur
ca - - - - - - - - bi - tur multi_pli - ca - - - - - - -
ca - - - - - - bi_tur multi_pli - ca - - - - - - bi - tur
ca - - - - - bi - - tur multi_pli_ca - bi_tur mul_ti_plica_bi_tur
ca - - - - - - - - bi - tur multi - pli_ca - - - - - - bi - tur
tur multi_pli - ca - - bi_tur multipli - ca - - - - - - bi - tur
multipli - ca - - - bi - tur multi - pli - - - ca - - - - - - bi_tur
- - - - - - - - - bi_tur multi_pli - ca - - - - - - - bi - tur
- ti plica - - - bi - tur multi_pli - ca - - - - - - bi - tur

XLII
Di Antonio
Brumel
Gli otto
tuoni
del
Canto fermo.
Sesto tuono.
Primo tuono.
Quarto tuono.
Ottavo tuono.
Quinto tuono.
Settimo tuono.
Secondo tuono.
Terzo tuono.

+ 8
+
+ 8
+

3

XLIII.

Di Hoffmeister
Genus monocolon
Choriambicum
asclepiadem
tetrametrum
habens.

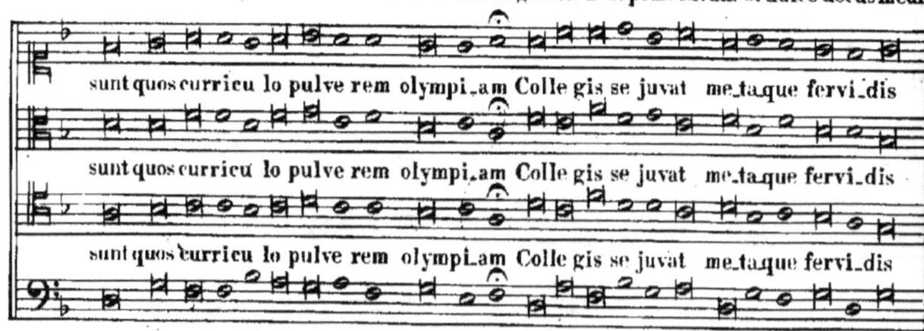

XLIV.

Canzoncina napoletana nell' opera intitolata Raoul de Créqui.

2ª. Strofe.

Io mi contenteria d'addeventare
Forsi nno cereniello o guarracino
Dent'a nna volta me vorria schiaffare
Pè sommozzà nno poco int'a lo vino.

XLVII.
Melodia di
Giuseppe Haydn.
Hin ist alle meine kraft alt und schwach bin ich
Prima
risoluzione
di
Gius. Baini
a tre voci.
Seconda
risoluzione
a
quattro voci.

Terza rizoluzione. n cui col cambiamento d'una nota sola, ciascuna parte va. Sempre calando di grado.

LVIII.
one mandato
a Napoli.
a 2
Cosi doveva
scriversi
Etc.
isoluzione
n coda ad
arbitrio.
ad Subdiapason.
Coda ad arbitrio.
Altre
isoluzioni
fatte da G.
Baini.
Ris. a due.

B.
Altra
Risoluzione
a due.
C.
Risoluzione
a tre.
D.
Altra
Risoluzione
a tre.
Imperfetto.
E.
Altra
Risoluzione
a tre.

F.
Altra
Risoluzione
a tre.
XLIX.
Di Giuseppe Baini sulla lapide
sepolcrale di Giuseppe Cuccioni
– Canone a seidici.
Canone a 16.
Psal – – – lam de o me
o – quam diu e – – – – ro
L.
Del sopracennato G. Baini.
Canone angelico
a trenta sei in nove cori.
Fi – at fi – at cor tu_um im_ma_cu_la_tum
fi_at corpus tu_um imma_cu_la_tum non con funde_ris non confunde_ris

TABLE.

I.	B. Marcello.	Cantata a Sop	*Le fresche*	1.
II.	C. Dohlof_Dier.	Duettino	*Pien d'ardir* (p. 52)	6.
III.	B. Marcello.	Duetto	*La mia pena*	7.
IV.	A. Steffani.	Duetto	*Libertà*	11.
V.	Palestrina.	Mottettino	*Rex virtutum*	15.
VI.	id	id	*Jesu rex admirabilis*	15.
VII.	id	Laude	*Jesu sommo conforto*	16.
VIII.	G. B. Martini.	Terzetto delle Campane	*Campana*	17.
IX.	id	Serannari che gridano	*Scaranne*	19.
X.	A. B. Fuga.	Canon	*Trinitatem*	26.
XI.	Gius. del Prato.	Canon	*Quiescit qui*	28.
XII.	id	Canzoncina Francese	*Adieu mes amours*	29.
XIII.	G. Martini.	Canone ad hypodiapason		32.
XIV.	Ianacconi.	Esercizj di Contrap	Esercizio. 1º	34.
XV, XVI, XVII, XVIII, XIX.		id	Esercizio 2º, 3º, 4º, 5º, 6º	
XX.	Vittoria.	Salmodia del miserere a 4 voci		37.
XXI. XXIV.	G. Baini.	Inni coll' armonia A, B, C, D		37.
XXV.	id	Inno D con altra armonia	*Iste confessor*	39.
XXVI. XXVII.	id	Inni E, F...(*inedit*)	*O Roma nobilis*	40.
XXVIII.	O. Vecchi.	L'Aufiparnasso	*Oh Pierulin*	42.
XXIX.	id	id	*Tich, toch, toch*	48.
XXX.	Fr. Caccini.	La Liberazione di Ruggiero	A. *Sinfonia*	57.
XXXI.	id	id	B Coro *Biondo dio*	59.
XXXII.	id	id	C Duetto *Aure volanti*	60.
XXXIII.	id	id	D Aria *Chi nel fior*	61.
XXXIV.	id	id	E Recitativo *Deh qual*	62.
XXXV.	id	id	F Coro di Mostri *Proven*	62.
XXXVI.	C. Monteverde.	Salmo a 6 voci	*Laetatus*	64.
XXXVII.	N. Porpora.	Cantata del SSº Natale Coro	*Scesse iddio*	93.
XXXVIII.	id	id	id *Clemente*	97.
XXXIX.	G. Animuccia.	Canone	*Sancta Maria* e Risoluzioni di G. B. Martini, di T. Redi.	103.
XL.	P. Pisari.	Canone	*Di formi ritratter*	106.
XLI.	G. Ianacconi.	Canone	*Multiplicabitur*	114.
XLII.	A. Brumel.	Gli otto tuoni del Canto fermo	(p. 85)	121.
XLIII.	Hoffmeister.	*Mecenas atavis*		124.
XLIV.	Canzoncina napoletana	*E nata una cortina*		125.
XLV.	B. di Ventadour.	*Conreg la lanzeta*		125.
XLVI.	G. Ghiselin.	*Las mi larez vous*		125.
XLVII.	Melodia di G. Haydn con risoluzioni			126.
XLVIII.	Canone mandato da Napoli e risoluzioni			129.
XLIX. L.	G. Baini.	Canone a 16 / Canone a 36	(p. 29)	131.

www.ingramcontent.com/pod-product-compliance
Lightning Source LLC
LaVergne TN
LVHW020024170826
845678LV00001B/107